Um Diálogo de Sofrimento Entre a Crucificação e o Holocausto

Rick Wienecke

Tradução: Rita A. Adams

Contribuintes para esta obra:
Pam Jarvis, Geoff Barnard e Mike Jarvis

Fotos: © 2011 Mike Jarvis & © 2014 Petra van der Zande

ISBN 978-965-7542- 60-6

Este livro pode ser encomendado visitando:
♦   www.castingseeds.com
♦   castingseeds@gmail.com
♦   www.lulu.com

Produção de Tsur Tsina Publications

Impresso por PRINTIV, Jerusalém, Israel; www.lulu.com

CONTEÚDO

Introdução

Como aconteceu?
Onde começa uma oração?

Acontece no momento em que uma lágrima cai ou sempre esteve lá esperando pelo momento certo para se expressar?
Eu chamo de um "de repente" ... quando o tempo de Deus e a Sua Vontade se cruzam.

Deus começou a me mostrar algo em 2001 com um número de demonstrações emocionais eu sabia que só poderiam ter sido iniciadas por Ele. Coletivamente, elas se tornaram os "de repentes" que fizeram minha atenção ponderar sobre a uma questão: "Poderiam o Holocausto e a Crucificação ter algo em comum? Poderia existir um entendimento entre essas duas personalidades através de seus sofrimentos em comum?" A História da Igreja sempre separou essas questões, mas poderia haver um "Diálogo de Sofrimento" através da arte que pudesse trazer ambas as questões a um mesmo lugar?

A ideia me assustou profundamente. Os lugares e personalidades do Holocausto e da crucificação parecem irreconciliáveis. Por quase um ano, lutei com Deus a respeito de minha participação nessa ideia.

Meu argumento final foi "Como poderia eu criar um memorial aos seis milhões que morreram no Holocausto se eu mesmo não tenho memória alguma do ocorrido?" Não sou Judeu, portanto, não tenho em minha família uma fonte de memórias por onde começar. Sou Canadense, não sou Europeu, assim, não tenho sequer a memória geográfica do acontecido! Por um tempo, convenci-me de que esse era um bom argumento e que essa não era uma tarefa para mim.

De repente senti o Senhor me dizendo, "Mas Eu tenho ... Eu lembro de cada homem, cada mulher, cada criança, cada vagão de trem, cada campo de morte, cada cova, cada choro vindo de cada câmara de gás ... Eu tenho a memória de tudo. Você pode começar a agir partir da Minha memória, e não da tua."

Foi então que a oração começou...

Por que ter um diálogo de sofrimento?

Uma pessoa que queira ser entendido em seus sofrimentos sabe que isto o tornará vulnerável. Ele deve usar dessa oportunidade de falar, com a esperança de que os outros irão escutar e entender e, de alguma forma, começar a se identificar com sua dor. É aí que reside a possibilidade da dor e do sofrimento finalmente serem ouvidos e um diálogo importante começar.

Este estudo é uma oportunidade de você examinar as personalidades do Holocausto e da Crucificação. Este estudo compara as sete ultimas frases faladas por Jesus na Crucificação com as frases não pronunciadas mas ocorridas aos sobreviventes do Holocausto. Vamos olhar para a natureza visual do trabalho artístico em si, das esculturas, e finalmente fazer as perguntas, "Como está o coração do Pai envolvido nessas duas situações? Por que Ele vincula com tamanha intensidade Suas lágrimas e a Sua memória a ambos esses Seus filhos?"

Este estudo não é de maneira alguma um exercício intelectual que tente enquadrar e trazer convenção desse ambiente de sofrimento entre essas duas personalidades. Você deve sentir a tensão de não saber as respostas e permitir que Deus o Pai as comunique através de cada uma de Suas lágrimas, e através das questões ...

Talvez nunca venhamos a entender por completo.

Instruções

O currículo foi elaborado para ser estudado em uma série de reuniões de 1 ½ - 2 horas, idealmente, de uma seção por semana.

Reúna as seguintes ferramentas antes de começar:

1. A Bíblia, impressa ou online. A menos que notificado, a Nova Versão Internacional (NVI) da Bíblia foi usada como texto referência para todo o currículo. Biblos (http://biblos.com) é uma ótima fonte grátis de estudo com várias traduções e ferramentas de estudo.
2. O DVD The Fountain of Tears (Fonte de Lágrimas)
3. O Diálogo de Sofrimento (Livro de Atividades - esta publicação)

Depois de reunidas as ferramentas acima:

a. Na primeira reunião comece assistindo ao DVD Fountain of Tears (Fonte das Lágrimas) por inteiro, seguido de um tempo para discutir o seu significado e as implicações do assunto apresentado.

b. Comece as reuniões subsequentes assistindo (novamente) à parte do vídeo The Fountain of Tears (A Fonte das Lágrimas) pertinente ao estudo do dia.

c. Leia os objetivos e comentário contidos em seus Livros de Atividades.

d. Complete as perguntas de discussão.

e. Opcional: complete qualquer estudo adicional e anotações de atividades.

INTRODUÇÃO Getsêmani - Sofrimento e Morte

Esta palavra tem grande significado, "Getsêmani": é um lugar de escuridão e horror e de uma intensa luta de vontades. Mas também é um jardim de oliveiras onde as azeitonas são colhidas para produzir o azeite usado, nos tempos bíblicos, para a cura e para a unção de reis. Na mais escura de todas as noites, a vontade de viver foi esmagada e prensada para produzir o óleo da vida, porque Alguém pediu que o fizesse, não apenas para morrer, o que poderia ter aliviado a luta, mas morrer por meio de um processo lento, de uma tortura metodicamente elaborada. Uma morte destinada a infligir uma dor máxima pelo mais longo tempo possível.

A escultura do Getsêmani, em parte, refletiu o que senti antes de criar a "Fonte das Lágrimas". Intensa foi a minha luta para começar esta comissão ordenada por Deus. Eu sabia que isso me custaria tudo e que eu poderia perder todos os meus amigos. Foi por milagre que eu, o gentio, recebi a cidadania Israelense - um sinal do céu que eu deveria permanecer, aprender a língua e ser parte de Israel.. Juntei-me ao kibutz e servi nas Forças Armadas de Israel – IDF. Imenso foi o amor que Deus me deu por essas pessoas, e todos os relacionamentos forjados refletiram claramente a mão de Deus, em tudo. Foi uma imensa honra fazer parte desse povo. E agora, seria possível botar tudo a perder?

O Holocausto é um dos tópicos mais profundos que permeia a cultura deste país. Tocar neste assunto parecia tocar em algo tão sagrado que que melhor seria evitar. Era tema para ser abordado com perguntas, mas nunca com respostas. Como poderia eu conectar as terríveis lembranças do Holocausto com a crucificação de Jesus e as suas sete últimas palavras? Meus amigos Israelenses ficariam enfurecidos ao saber que eu, o gentio alegando ser seu amigo, tivesse a ousadia de criar um diálogo entre esses dois eventos que amaldiçoa um ao outro.

"Seria possível criar um diálogo refletindo a dor um do outro?" Perguntei a mim mesmo. "Haveria uma comunhão de sofrimento entre os dois para absolver e curar todo esse mal-entendido e ódio profundo?"
Minha luta com esta comissão foi como um Getsêmani pessoal; minhas justificativas e esses argumentos auto conservadores tiveram que morrer;

Agora preciso começar a esculpir.

"Ah, se a minha cabeça fosse uma fonte de água e os meus olhos um manancial de lágrimas! Eu choraria noite e dia pelos mortos do meu povo." Jeremias 9.

Sabendo que essa jornada não foi apenas a escultura de um grande projeto, mas uma jornada de oração e intercessão, eu me perguntava, por onde devo começar.

Getsêmani, talvez? Foi lá que a crucificação começou. Foi o lugar onde o Pai mostrou ao Filho o que estava diante por acontecer.

O Holocausto - poderia esta cena de jardim assemelhar-se a todas aquelas noites em que o Povo Judeu foi arrebanhado e enviado para prisões ou campos de extermínio?

Para Jesus foi a noite do Seu cativeiro, quando o amarraram e o levaram preso. Entre o tempo de Sua prisão e Seu julgamento final muita coisa aconteceu. Depois de muita manobra política e manipulações veio a solução final – Condenado a morte por crucificação.

O Povo Judeu foi inicialmente condenado pelas Leis de Nuremberg e, em seguida, levado para o cativeiro nos guetos até que a SS (Tropas de Proteção da Alemanha) adotou e agiu na solução final , a morte nas câmaras de gás, a crucificação.

Eu esculpi a figura de Jesus derramada sobre uma grande rocha, e o Seu corpo tomando a própria forma da rocha. O foco de Sua luta está representado no cálice do sofrimento que Ele segura, alegoricamente representado por um cálice cheio e transbordando de sofrimento. Como o Pai mostrou ao Filho tudo o que estava no cálice, o Seu suor misturado com gotas de sangue fluía sobre a rocha. Será que Jesus sabia que haveria um momento de total abandono pelo Pai? E então o Pai pediu para Seu Filho beber desse horror, para a salvação daqueles que O tinham perseguido e odiado tanto.

Na escultura, Jesus segura o cálice em Sua mão esquerda, estendendo Seu braço o mais longe possível da Sua boca. Ele segura o cálice entre o indicador e o polegar, enquanto os outros três dedos estão livres. Isto simboliza a indecisão de Jesus, os três dedos que representam as três vezes que Ele chamou os Seus discípulos para orar com Ele, mas os encontrou adormecidos. Três vezes Ele orou ao Pai para que afastasse dEle esse cálice. Na mais escura de todas as noites, Jesus sozinho tomou a terrível decisão: "Pai, se é a Tua vontade, afasta de mim este cálice; não a minha vontade, mas a Tua vontade seja feita".

**A crucificação inicia no momento
que Jesus aceitou beber do cálice do sofrimento.**

"Pai, perdoa-lhes,
pois não sabem o que estão fazendo"

Painel # 1

Primeira frase das sete últimas frases da crucificação

Jesus disse:
"Pai, perdoa-lhes, pois não
sabem o que estão fazendo".
Então eles dividiram as roupas
dele, tirando sortes.

Lucas 23:34

Palavra-Chave: Perdão

Objetivos

Nesta seção você aprenderá:

1. A definir a palavra "aliança."

2. A entender o sentido de "perdão."

3. A descobrir a ideia de uma "aliança de perdão."

4. A explorar o processo de raciocínio do sobrevivente do Holocausto que conecta o ato de perdoar com o ato de cair no esquecimento.

5. A examinar como é que nós, seguidores de Jesus, podemos abraçar a crucificação como nossa aliança de perdão, em seguida virar e acusar os Judeus pela morte de Jesus.

Introito do artista: Rick Wienecke

Quando estou diante da Fonte de Lágrimas, estou como Israelense, um crente em Jesus e um artista. No entanto, minha identidade mais importante e central é a de ser crente em Jesus; todas outras autodescrições nascem desta. Então pensei comigo mesmo, das sete últimas frases que Jesus proferiu quando estava na cruz, qual foi a primeira? Exceto o próprio Senhor, será que mais alguém sabe a ordem exata? Mas meu pensamento também me levou a perguntar, Qual teria sido a mais importante para Jesus? Se esses são Seus últimos momentos de vida, qual foi a primeira coisa que veio à Sua mente? Talvez foi, "Pai, perdoa-os, pois eles não sabem o que fazem."

Pano de Fundo

No painel #1, perdão é a palavra chave. Jesus está implorando ao Pai por aqueles que O estão matando. Ele está tentando arrazoar com o Pai que eles não sabiam o que estavam fazendo quando o entregaram aos Romanos, ou quando os Romanos o pregaram na cruz.

Perdão e aliança

Na crucificação, Jesus não está apenas perdoando aqueles que o crucificaram, mas está também criando com aquelas palavras, uma aliança baseada no perdão, que se torna então a Nova Aliança quando ele diz "Pai, perdoa-os, pois não sabem o que fazem".
Portanto, para ser coerente à definição de aliança, se eu recebo perdão, devo também perdoar. É isso que Jesus está demonstrando na aliança de perdão na cruz. É o próprio coração e o caráter do Seu sacrifício: perdão.

O Dilema do Sobrevivente do Holocausto

Ao receber perdão, devo dar perdão. Este é o começo do dilema do sobrevivente do Holocausto. O sobrevivente do Holocausto anexará a palavra "perdão" à palavra "esquecer", porém não consegue esquecer o extermínio de seu povo. E é no "esquecer" que entra o dilema do sobrevivente. Teria o sobrevivente do Holocausto uma concepção errada de "perdão"? Teria ele acreditado em uma mentira?

O raciocínio do sobrevivente do Holocausto: perdão leva ao esquecimento.

Estou tentando entender a mentalidade do Judeu sobrevivente do Holocausto, vamos ver o que um sobrevivente do campo de concentração de Auschwitz, chamado Elie Wiesel, diz em seu livro Night (Noite):

"Ao sobrevivente que deseja testificar, está claro: seu dever é testemunhar aos mortos e vivos. Ele não tem direito de privar futuras gerações de um passado que pertence à nossa memória coletiva. Esquecer não seria apenas perigoso, seria ofensivo; esquecer-se dos mortos seria como matá-los uma segunda vez ... a testemunha esforçou-se a testemunhar para contar para juventude de hoje, e para as crianças que nascerão amanhã. Ele não quer que o seu passado se torne o futuro deles".

Será que o sobrevivente de tal horror teme vê-lo repetido a futuras gerações se nos esquecermos do passado? Será que ele/ela acredita que a dor e as memórias são profundas demais e impossíveis de sarar?

Elie Wiesel também diz:

"Nunca esquecerei aqueles momentos que mataram meu Deus e minha alma e fizeram cinzas dos meus sonhos. Nunca conseguirei esquecer todas estas coisas mesmo que seja condenado a viver tanto como o próprio Deus. Nunca."

Perdão e Substituição

É incrível como a igreja que confessa Jesus como Senhor possa tão agressivamente ignorar Sua oração de perdão em prol dos que O crucificaram. A igreja tem historicamente rotulado os Judeus de assassinos de Cristo. Há um enorme número de documentos que demonstram que a igreja fomentou a perseguição contra os Judeus. É quase como se Jesus nunca tivesse dito a primeira das sete frases. Por que será que ignoram tanto essa palavra "perdão"? Poderia ser que voltar-se contra o povo Judeu reflete o quão pouco você conhece a Jesus? A teologia da substituição não substitui apenas Israel pela igreja, vai ter que substituir Jesus por outra coisa. Para a igreja afirmar que alguém matou Jesus ela deve se esquecer do que aconteceu no Getsêmani. Jesus escolheu a crucificação, Ele disse ter nascido para esse propósito: "o Senhor fez cair sobre ele a iniquidade de todos nós", Isaías 53:6

Jesus tornou-se deliberadamente o sacrifício definitivo, o Cordeiro Pascal. Ele vivenciou a profecia sacerdotal do sacrifício perfeito. Ele se torna um sacerdote para toda humanidade, assim como seus irmãos Judeus são sacerdotes para todas as nações (Gen. 12:2-3). Ele deixa claro a seus discípulos que está subindo a Jerusalém para ser entregue aos gentios, morto, sepultado e então ressuscitado. Ele é intencional com o Seu plano : Lucas 18:31-33 diz, "Jesus chamou à parte os Doze e lhes disse: Estamos subindo para Jerusalém, e tudo o que está escrito pelos profetas acerca do Filho do homem se cumprirá. Ele será entregue aos gentios que zombarão dele, o insultarão, cuspirão nele, o açoitarão e o matarão. No terceiro dia ele ressuscitará."

Da cruz, Jesus diz em Sua oração de perdão que os Seus assassinos não sabiam o que estavam fazendo. Da mesma maneira José em Gênesis diz a seus irmãos, "Vocês planejaram o mal contra mim, mas Deus o tornou em bem, para que hoje fosse preservada a vida de muitos." Ambos os lados tinham maldade em seus corações, mas no fim, o plano de Deus se cumpriu. Os planos de Deus são maiores do que todas as maldades dos homens.

A Divindade de Jesus através da crucificação

Se dissermos que Jesus foi morto como resultado da vontade dos homens, colocamos Jesus apenas no domínio dos homens e não do Deus encarnado. Jesus, como Filho de Deus, tinha o poder e habilidade de chamar legiões de anjos para salvá-lo, mas Ele escolheu não resistir. Ele vai tão longe a ponto de interceder pelo perdão de seus assassinos. Nesse ato, Jesus mostra Sua Divindade. Sua oração por perdão cria um relacionamento contínuo com seus irmãos Judeus e com a humanidade através da Nova Aliança.

Ao culpar os Judeus pela morte de Jesus, as pessoas estão efetivamente negando o Seu ato de redenção para o pecado. Essa mentira também nega a oração do Getsêmani por negar que foi a vontade do Pai que Ele morresse, e o Pai não mudou Sua vontade mesmo quando Jesus lhe pediu que tal cálice lhe fosse afastado.

O que devemos fazer

Nosso papel é o de derramar amor e honrar o povo Judeu, ao invés de condená-los. Por 2000 anos usufruímos do perdão que foi derramado sobre nós. Como crentes, devemos deixar os Judeus enciumados, não com medo ou desconfiados de nós.

Em Romanos 11:11 diz, "Novamente pergunto: Acaso tropeçaram para que ficassem caídos? De maneira nenhuma! Ao contrário, por causa da transgressão deles, veio salvação para os gentios, para provocar ciúme em Israel".

Resumo

Como nós, os seguidores de Jesus, podemos abraçar a crucificação como sendo a nossa aliança de perdão e em seguida voltar-nos contra e acusar os Judeus pela morte de Jesus? Logicamente essa linha de raciocínio levaria Jesus a nunca ter dito, "Pai, perdoa-os!"

Perguntas para discussão

1. Defina o conceito de perdão. Como a aliança de perdão impacta o teu ponto de vista sobre quem matou Cristo?
2. Você acreditou na mentira de que os Judeus mataram Jesus? Se sim, explique por que. Teu ponto de vista mudou depois de ler este módulo? Por que sim ou por que não?
3. O sobrevivente do Holocausto tem uma concepção errônea da palavra perdão? Tente ter empatia pelas palavras de Elie Wiesel neste módulo. Coloque-se no lugar da uma vítima do Holocausto da escultura do módulo #1. O que você está dizendo quando descansa sua cabeça no pilar que representa os teus entes queridos massacrado no Holocausto?
4. Como que a vítima do Holocausto perdoa o que foi infligido a ele e aos seus entes queridos? Como ele honra o seu povo e perdoa os seus causadores?
5. Examine os teus valores essenciais a respeito do povo Judeu e da crucificação de Jesus. Há algum lugar no seu coração em que você recusou a dar perdão aos Judeus por causa da mentira de que mataram Jesus? Tome algum tempo para refletir em seu coração e ouvir o que o Pai tem para te dizer em oração sobre as tuas irmãs e irmãos Judeus.
6. Discuta Romanos 11:11. Qual é a tua interpretação? Qual é teu plano de ação para "deixar Israel enciumado?"

"Hoje você estará comigo no paraíso".

Painel # 2

Segunda frase das últimas sete frases de Jesus.

*Jesus lhe respondeu:
"Eu lhe garanto:
Hoje você estará comigo no
paraíso".*

Lucas 23:43

Palavra-Chave: Lembrança

Objetivos

Nesta seção você aprenderá:

1. A estabelecer o conceito de rememorar a partir do coração do Pai e do coração do ladrão.

2. A examinar as questões "O Pai escutou ou Ele lembrou do choro e do sofrimento do Holocausto?" e "teria Ele esquecido do Seu povo?"

3. A estudar a Crucificação e sua significância para o Holocausto.

4. A avaliar nossa visão de salvação no contexto da salvação do ladrão na cruz.

5. A identificar e demonstrar o conceito de lembrança nas festas Bíblicas de Deus.

Um apelo à Lembrança

Eu sempre amei essa frase! Ela destrói todas as doutrinas que criamos para fazer homens entrar na salvação. O ladrão a quem Jesus disse essas palavras aparentemente nunca foi batizado, borrifado ou submergido, nem nunca falou em línguas. Todos esses rituais podem parecer significativos, mas eles sempre serão secundários quando o primordial é a salvação.

O que está o ladrão pedindo a Jesus? Ele está pedindo para ser lembrado. "Senhor, quando entrares no teu reino, lembra-te de mim." Esse é um pedido incrível nesses últimos momentos de vida tanto de Cristo quanto do ladrão, "Por favor, não me esqueça."

Lembrança

Partes significantes da Bíblia são dedicadas à lembrança – são até exigidas. Como exemplo, todas as Festas Bíblicas de Deus são dedicadas à rememorar/lembrar o que foi feito.

Cada Festa Bíblica está ligada a um tempo de memorável na história dos Judeus e sua terra. A Páscoa lembra a saída do Egito. Deuteronômio 5:15 diz, "Lembra-te de que foste escravo no Egito e que o Senhor, o teu Deus, te tirou de lá com mão poderosa e com braço forte. Por isso o Senhor, o teu Deus, te ordenou que guardes o dia de Sábado."

Purim é a história de Ester, ainda celebrada hoje como prescrito em Ester 9:28, "E que esses dias de Purim fossem lembrados e guardados por toda geração, família, província e cidade; e que esses dias de Purim não fossem revogados entre os Judeus, e que a memória deles nunca perecesse dentre a sua descendência"

Shavuot inclui lembrar a história de Rute. Nesse dia de festa, o livro de Rute inteiro é lido. E Hanukah comemora a rededicação do Templo Sagrado nos tempos da Revolta dos Macabeus no segundo século A.C.

Mesmo as Festas atuais do Estado de Israel são baseadas em lembranças . O dia de Lembrança ao Holocausto marca o aniversário da revolta do Gueto de Varsóvia. O dia da Independência de Israel comemora a sua declaração de independência em 1948.

Será que Deus se esqueceria? A única coisa que Ele promete esquecer é nosso pecado! Para impor julgamentos como Rei, Ele dá as costas e esconde a face, mas apenas por um tempo, pois Ele também é Pai e Seu coração sempre está voltado ao Seu Povo.

Dois conceitos do coração de Deus: Rei e Pai

(Refira-se ao painel #2) Ambos os conceitos de Pai e Rei estão representados neste painel. A mão esquerda do crucificado está virada para baixo, para longe. Isso não é uma demonstração de julgamento, mas de decepção. O ladrão à sua esquerda o está praguejando e ridicularizando, não querendo ser lembrado. Esse ladrão esqueceu de si mesmo, esqueceu-se de que é um homem que precisa de Deus. Ele trocou Deus por si mesmo.

No painel #2, demonstrei o coração do Pai batendo no peito de Jesus. Jesus inclina seu corpo em direção ao bom ladrão que, de certo modo, reconhece quem Ele é. Na minha escultura, o corpo de Jesus está pregado, mas Ele luta contra toda a resistência para tocar as pedras e as lágrimas que são lembrança de morte, com as Suas palavras de vida.

Este painel reflete o coração de Jesus, que é o coração do Pai. A palavra "Pai" é uma posição de autoridade carregada de grandes expectativas. De um Pai se espera providência – cuidar de seus filhos; ser fonte de sabedoria e ser um lugar onde, cada um de seus filhos, sentir-se-ão bem vindos.

O Rei é o legislador, o criador da lei, assim Ele também deve trazer julgamento. Julgamento pode ser severo, mas também traz ordem e paz. O rei é obrigado a impor sua própria lei, mas ao impor a Sua lei como o Pai Ele chora, sempre desejando que Seus filhos mudem de rumo, que se arrependam e voltem a um bom relacionamento com Ele.

As vezes o Pai se afasta do Seu filho, mas sempre na esperança de que o filho sinta a perda da proteção e retorne ao Pai.

o pensamento de recordação deve trazer-nos esperança: Se Jesus, Deus encarnado, pôde responder ao clamor do ladrão em seus últimos minutos de vida, quanto mais Ele lembrará e responderá ao seu próprio povo? "Os filhos de Israel gemeram por causa da servidão, ... E ouviu Deus o seu gemido, e lembrou-se Deus da sua aliança" (Ex.2:23-24). Ele não pode esquecê-los. Eles são Seu povo! Ele tem de responder ao seu lamento. Seis milhões de lamentos, gemidos e lágrimas, se Ele não respondesse, Ele estaria negando Seu papel central de Pai.

Crucificação

A crucificação foi um método de tortura criado para infligir o mais intenso sofrimento à vítima pelo tempo mais longo possível. Há registros de que algumas vítimas ficaram penduradas na cruz por cinco dias. A crucificação era geralmente realizada para aterrorizar e dissuadir espectadores a não cometerem crimes puníveis por crucificação. As vítimas eram deixadas à mostra depois de mortas para dissuadir outros inclinados a cometer crimes. A crucificação tinha por objetivo proporcionar uma morte particularmente lenta, dolorosa, horrível, humilhante e pública, utilizando-se de quaisquer meios mais convenientes para atingirem seu objetivo.

A Crucificação se identifica com as torturas do Holocausto. Crucificação não era somente uma execução, também era uma humilhação, tornando o condenado o mais vulnerável possível. Apesar de artistas comumente representarem a figura na cruz com um pano amarrado ao redor da cintura, provavelmente as vítimas eram crucificadas nuas.
Essa também aconteceu com as milhões de pessoas que pereceram no Holocausto, tal aspecto é aludido pelo Salmo 22:17-18, "Posso contar todos os meus ossos, mas eles me encaram com desprezo. Dividiram as minhas roupas entre si, e tiraram sortes pelas minhas vestes."

Conforme escrevo, posso ver na minha mente, os corpos magros dos mortos-vivos nos campos liberados como o de Bergen-Belsen, norte da

Alemanha. Depois de chegar aos campos da morte, os prisioneiros eram forçados a abrir mão de todos os seus pertences. Todos os itens pessoais, incluindo roupas, eram removidos, divididos e distribuídos ao Terceiro Reich. A Alemanha nazista era chamada de Terceiro Reich. Os versos acima também se cumpriram na crucificação de Jesus: "E o crucificaram. Dividindo as roupas dele, tiraram sortes para saber com o que cada um iria ficar." (Marcos 15:24).

O Evangelho de João é muito mais explícito: "Tendo crucificado Jesus, os soldados tomaram as roupas dele e as dividiram em quatro partes, uma para cada um deles, restando a túnica. Esta, porém, era sem costura, tecida numa única peça, de alto a baixo. "Não a rasguemos", disseram uns aos outros. Vamos decidir por sorteio quem ficará com ela. " Isso aconteceu para que se cumprisse a Escritura que diz: "Dividiram as minhas roupas entre si, e tiraram sortes pelas minhas vestes. Foi o que os soldados fizeram." (João 19:23-24).

Auschwitz foi o principal exemplo de crucificação. Auschwitz foi dividido em dois campos principais: Auschwitz Um, e Auschwitz Dois também conhecido como Birkenau. Quem tivesse sido poupado da morte imediata e enviado para Auschwitz Um, iria então morrer aos poucos, morrer de inanição e de trabalho forçado.

Quando já não podia mais trabalhar, a vítima era enviada para Birkenau para ser morto nas câmaras de gás. Esta era a parte final da execução, um sufocamento de vinte minutos dentro das câmaras de gás. Nos primeiros dez minutos, como registrado por testemunhas, de fora ouviam-se os gritos e as orações vindos das câmaras de gás. Nos dez minutos finais, o gás silenciava todos os sons.

Estes dez minutos iniciais de gritos foram ouvidos milhões de vezes. O número estimado de vitimas ultrapassa 2,5 milhões de homens, mulheres e crianças que morreram por este processo lento e doloroso. O único coração que tem a capacidade de lembrar de todos os gritos, clamores e orações vindos das câmaras de gás pertence ao próprio Deus. Esta intercessão audível na terra exigiu uma resposta do coração do Pai no céu.

A Perspectiva do Sobrevivente do Holocausto

Ao contar a história dos dois ladrões a uma sobrevivente do Holocausto, foi-lhe explicado que os três homens crucificados estavam pronunciando suas últimas palavras. O ladrão à esquerda de Jesus o estava praguejando, e o ladrão à Sua direita estava implorando para ser lembrado.

A sobrevivente então disse, "Posso me identificar com ambos os ladrões. Vivíamos com a morte diante de nós o tempo todo. Às vezes em Auschwitz, nós, prisioneiros, com a força que ainda nos restava, zombávamos e amaldiçoávamos Deus. Outras vezes, implorávamos pedindo que Ele se lembrasse de nós."

Da perspectiva do sobrevivente, a escultura refletindo o Holocausto as mãos estão viradas em direções opostas. Uma mão busca o alto, identificando-se com a mão que dá vida. A outra mão está voltada para baixo, significando as zombarias e os xingos.

Resumo

Como artista, tenho me perguntado, Deus rejeitaria Seu povo? Será que o Pai substituiria o Seu povo quando Jesus demonstrou de maneira tão intensa o Seu desejo de salvá-los?

A resposta é: Deus não vai e não pode rejeitar Seu povo. Ele é um Pai amoroso. Nos últimos minutos da vida de Seu próprio filho, o coração de Deus tocou o coração do ladrão e deu vida, através de de Jesus. Tal ato de amor nos assegura que o Pai lembra de Seu povo para sempre.

Perguntas para discussão

1. Qual é o conceito de lembrança ?
2. Examine o que você pensa do ladrão ir com Jesus para o paraíso. Como isso se afirma ou desafia a tua crença de salvação através de Jesus?
3. Por que você acha que os Judeus têm o mandamento de lembrar a sua história através de suas Festas e celebrações ?
4. De que maneira Deus o Pai tem provido, cuidado e acolhido ao Seu povo?
5. Leia Ezequiel 37:1–12, e então reexamine como esses versos se relacionam com o Holocausto. Como está o Pai expressando o Seu coração ao Seu Povo?
6. Tire uns minutos para analisar a figura do painel #2. Como você explicaria o coração do Pai a um sobrevivente do Holocausto que esteja vendo a crucificação. A dor do sobrevivente reflete ou se identifica com a crucificação?
7. Como você pode lembrar-se dos Judeus?
8. Medite por uns minutos para clarear a sua mente, alma e espírito. Imagine-se assistindo a uma cena do Holocausto em Auschwitz. Como você oraria? O que você diria a uma vítima do Holocausto que esteja passando por esses horrores indescritíveis? O que você acha que o Pai sentiu e do que Ele lembrou durante aqueles anos de horror?

"Mulher, eis aí o teu filho. Depois disse ao discípulo: Eis aí tua mãe."

Painel # 3

Terceira frase das sete últimas frases de Jesus

Ora Jesus, vendo ali sua mãe,
e que o discípulo a quem ele
amava estava presente, disse a
sua mãe:
Mulher, eis aí o teu filho.
Depois disse ao discípulo:
Eis aí tua mãe.
E desde aquela hora o discípulo
a recebeu em sua casa.

João 19:26-27.

Palavra-Chave: Relacionamento

Objetivos

Nesta seção você aprenderá:

1. A estabelecer o conceito de relacionamento a partir do vinculo novo e inatural formado entre Maria, mãe de Jesus, e de João, o amado.

2. A examinar o conceito de um relacionamento/associação não natural.

3. A comparar e contrastar Isaías 49:15 no contexto do comprometimento relacional de Deus com Israel.

4. A analisar por que o Pai criou um relacionamento novo e não natural com Jesus.

5. A descobrir o peso emocional de relacionamento do sobrevivente do Holocausto ao carregar a sua família, e amigos que foram assassinados, e o seu antigo estilo de vida.

Um novo relacionamento

Essa palavra é fácil de entender da perspectiva da crucificação. Ela bem reflete o coração de Jesus. No auge de Seu sofrimento, Ele se preocupa com Sua mãe. Minha ideia ao criar o painel #3 da crucificação foi que Jesus estava colocando a Sua mãe nos ombros de um amigo, de alguém em quem confiava – João, o amado, o único de Seus discípulos que permaneceu com Ele durante todo sofrimento.

Relacionamento

A palavra relevante no painel #3 é relacionamento. As duas palavras fundamentais para relacionamento são "ter confiança" e "compromisso". Jesus está confiando e comprometendo Sua mãe aos cuidados de João. João deve agora tratá-la como sua própria mãe. Jesus está dando a João até mesmo o Seu papel de filho.

Relacionamento Mãe-Filho

Na natureza não pode haver lugar mais profundo em nossas memórias do que vinculo criado entre mãe e filho. As palavras, "Mãe, eis aí o teu filho; filho, eis aí tua mãe" vão para além da ordem natural, elas criam um relacionamento que surge de um lugar de sofrimento incomum. João não era filho de Maria, e ela não era a sua mãe, mas as palavras da crucificação criam o mais íntimo dos relacionamentos.

O relacionamento mãe-filho atinge o fundo do coração do Pai. Como um filho dá a sua mãe ao cuidado e proteção de outro homem? Como é que o Pai celestial vê essa transferência de relacionamento?

Quando eu paro para refletir, eu pergunto: como um filho entrega sua mãe ao cuidado de outro homem, e como uma mãe entrega o seu filho para ser sacrificado? Maria pode ter sentido em seu coração durante toda a vida de seu Filho, e que Ele se entregaria. Mas como pode um coração de mãe assistir à Sua morte?

Como Maria deixa a cena da cruz e se põe sob a proteção de outro que não é filho dela?

Seria este o supremo ato de amor, o de assistir ao sacrifício de teu próprio filho, de renunciar de tua mãe, e de assumir um relacionamento de amor com alguém que não é um dos teus?

Isaías descreve o relacionamento de Maria "Porventura haverá mãe que possa esquecer seu bebê que ainda mama e não ter compaixão do filho que gerou? Contudo, ainda que ela se esquecesse, Eu jamais me esquecerei de ti." Isaías 49:15.

"O que significa e está representado aqui é o divino amor e a misericórdia em seu poder de transformar a morte em vida." Esse deve ter sido um momento de completa confiança e entrega para todos os três: Maria, Jesus e João.

A perspectiva do sobrevivente do Holocausto

Para interpretar a perspectiva do sobrevivente do Holocausto, eu o esculpi carregando uma manta pesada sobre seus ombros. Dentro das dobras da manta está a figura de uma mulher. Ela está esquelética e surreal. Ele a carrega em um braço, e seu corpo contorcido cai por seus ombros; a mão do sobrevivente segura na orla da manta.

O relacionamento do Holocausto

O sobrevivente do Holocausto também teve um relacionamento posto em seus ombros. Seu relacionamento é a pesada carga da memória dos falecidos. Pois são seus parentes por vínculos de sangue. Para o resto da vida, ele vai carregar a memória dos falecidos. Ele sobreviveu o Holocausto enquanto sua própria família e entes queridos foram mortos. Ele foi incapaz de salvar os membros de sua própria família. Se ele pudesse, teria carregado sua própria mãe a um lugar seguro, mas ela também lhe foi arrancada sem ninguém para ajuda-la. O sobrevivente agora carrega esse fardo de culpa, foi incapaz de salvar sua própria mãe.

Agora o sobrevivente do Holocausto se depara com um relacionamento completamente fora do comum. Os parentes que ele conhecia antes da guerra lhes foram arrancados, em seu lugar ele carrega todos os seis milhões que pereceram. Isso cria seu relacionamento raro e anômalo, talvez até mais íntimo do que todos os seus relacionamentos anteriores.

Assim como foi com o João, na crucificação, o sobrevivente agora carrega um relacionamento incomum, que ele não tinha antes do Holocausto acontecer. Esses dois relacionamentos não comuns estão ambos representados nesta obra de arte. O novo e extremamente incomum relacionamento de Jesus entregando a Maria para ser levada e cuidada por João, e o sobrevivente carregando o novo e não natural relacionamento com os seis milhões que pereceram.

A orla da manta que está em sua mão é onde a sua atenção se dirige. Para a maioria dos sobreviventes, ser liberado dos campos de concentração foi como nascer de novo. Sair da morte e voltar a ser uma pessoa humana, com sentimentos, emoções, desejos e temor das memórias anteriores. Tudo lhes foi arrancado; muitos dos sobreviventes não conseguiam lembrar sequer de seus próprios nomes.

A jornada de retorno até reconectar com as emoções humanas e lembranças foi longa e difícil sendo aqui representada pela pequena orla da manta na mão do sobrevivente. Conforme ele começa a entender o que lhe aconteceu, a manta cresce e se espalha sobre o seu braço. Quando o sobrevivente começa a compreender a magnitude da devastação causada à sua própria família, ao seu vilarejo e ao país a que pertencia, a manta toma forma humana que cobre e pesa sobre os seus ombros e começa a cair para o chão. O corpo da mulher esquelética e surreal é uma parte das dobras, mas dentro dessa dobra há seis dobras bem acentuadas, representando os seis milhões que foram assassinados. Essas vitimas são agora os seus novos relacionamentos, fardo que deverá carregar pelo o resto da vida.

Resumo

Se Deus pode criar um relacionamento a partir de tamanho estado de
sofrimento, por que Ele substituiria tal relacionamento? Criar "novo" parece
ser parte do caráter de Deus, ou seja, criar relacionamentos não naturais a
partir dos relacionamentos naturais.

Jesus em Seu sofrimento está criando relacionamentos que não existiam
anterior à crucificação – não apenas o de um amigo ou conhecido, mas o de
um filho a uma mãe. Nada poderia ser mais profundo. Com essas palavras,
Jesus dá imensa importância a relacionamentos, uma promessa pessoal.
Isso então levanta a seguinte questão: se relacionamentos e promessas são
tão importantes para Ele, conseguiria Deus diminuir ou até abandonar o Seu
relacionamento com Israel? Ele jamais faria isso! O Pai está comprometido
com Seu povo. Por que substituiria Ele o relacionamento mais próximo ao
Seu coração?

Perguntas para discussão

1. Que verbos você usaria para definir o conceito chave "relacionamento"?
2. Como você descreveria o novo relacionamento não natural entre João, o amado, e a Maria mãe de Jesus?
3. Como João demonstra o segundo mandamento, "amarás o teu próximo como a ti mesmo", agora que toma Maria por sua própria mãe?
4. Tire alguns minutos para meditar e olhar o painel #3. Tente sentir fisicamente o peso que o sobrevivente deve carregar das vítimas mortas no Holocausto. Como que o sobrevivente reentra na vida carregando esses relacionamentos que não são naturais?
5. Trace um paralelo entre o novo relacionamento criados por Jesus ao dar Maria aos cuidados de João e o novo relacionamento do sobrevivente do Holocausto de carregar seus compatriotas mortos?
6. Por favor, leia novamente o parágrafo de "resumo" e responda à pergunta: se relacionamento e promessa são tão importantes ao Pai, conseguiria Ele diminuir a importância ou até substituir o Seu relacionamento com Israel? (Efésios 2:16). Aos gentios foi pedido que carregassem o povo Judeu? Veja Isaías 49:22.
7. Como que a questão do comprometimento relacional do Pai com Israel impacta a tua vida? Como o relacionamento do Pai cumpre o que está escrito em Isaías 49:15?

"Meu Deus! Meu Deus! Por que me abandonaste?"

Painel # 4
Quarta frase das últimas sete frases de Jesus

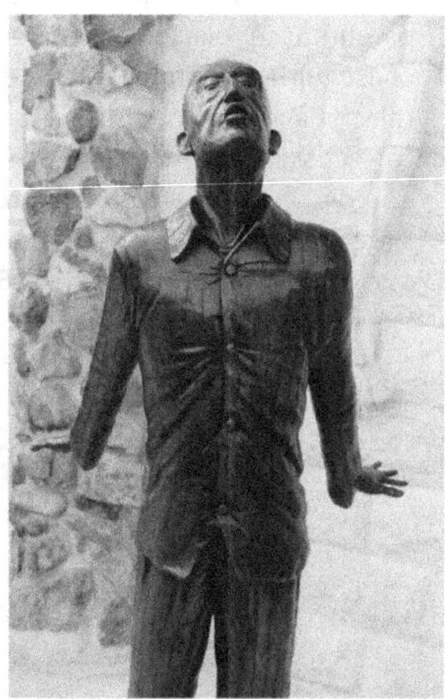

*Por volta das três horas da tarde,
Jesus bradou em alta voz:
"Eloí, Eloí, lamá sabactâni? "
que significa:
"Meu Deus! Meu Deus!
Por que me abandonaste?"*

Marcos 15:34

Palavra-Chave: abandono

Objetivos

Nesta seção você aprenderá:

1. A estabelecer o conceito de abandono na perspectiva do Pai durante a crucificação e durante o Holocausto.

2. A examinar o conceito e as questões da percepção de ser abandonado pelo Pai no passado e no presente.

3. A explorar as advertências práticas e proféticas dadas aos Judeus da Europa antes ao Holocausto.

4. A analisar por que o autor vê o Holocausto como forma de julgamento.

5. A explorar os aspectos relacionais de abandono, rejeição e repudio associados com a cruz e com o Holocausto.

Introdução do artista: Rick Wienecke

Conforme escrevo sobre este quarta frase que Jesus proferiu na cruz, tenho mais perguntas do que respostas. Portanto, ao longo desta seção, "perguntas" serão intencionalmente apresentadas, cada uma com sua devida ênfase, para reflexão. Essas perguntas serão apresentadas novamente na parte "questões para discussão".

Questionamentos essenciais

Pergunta: Seria possível que o Pai iria abandonar o Filho?

A resposta deve ser sim, posto que Jesus está realmente perguntando "Por que me abandonaste?". Ele é o Filho descrito como "O Filho Unigênito em quem o Pai se compraz."

Esse pergunta na cruz nos traz a algumas das questões mais centrais da vida e certamente causa grandes dificuldades enfrentadas por muitos sobreviventes do Holocausto:

♦ "Como pode existir um Deus se calamidades como o Holocausto acontecem?"
♦ "Onde estava Deus durante o Holocausto?"

Sua conclusão geralmente é "se coisas ruins acontecem e Deus não as impede ou conserta, então Ele não deve existir".

A quarta frase de Jesus na cruz também é em forma de pergunta: "Por que me abandonaste?" Jesus está procurando por uma razão pelo abandono. Ele está perguntando:
"Por que não posso Te encontrar ou sentir Tua presença quando mais preciso dela?"

♦ "Há alguma razão por que (agora) Tu me deixas sozinho ?"

Identificação no abandono

As perguntas de Jesus são baseadas em relacionamento. Ele conhece a presença do Pai. Ele confia em Seu Pai e sabe que se Seu Pai não está presente, deve haver uma razão. Quando Jesus está no auge de seu estado emocional de abandono de Deus, isto deve tocar profundamente em Sua memória. Esse lugar de questionar o abandono do Pai O torna capaz de experimentar a realidade do fato e de se identificar com o abandono, assim tornando-se nosso intercessor principal.

Abandono

Na Bíblia, Deus compara o abandono a uma forma de julgamento: "Num impulso de indignação escondi de você por um instante o meu rosto" (Isaías 54:8). De certa forma, Ele se ausenta da situação e não pode ser achado. A presença de Deus removida da terra mesmo que por um instante poderia resultar em anos de guerra mundial. Creio que esta seja a pior forma de julgamento.

Como exemplo do Pai escondendo Seu rosto, podemos olhar para história de Moisés. Moisés toma lugar de intercessor entre Deus e os pecados dos Israelitas. Deus diz que não os destruirá, mas Ele não mais se fará presente ao povo. Moisés então se põe em oração e clama a Deus para que não retire Sua presença. Moisés entende que não haveria vida fora da presença de Deus.

O abandono momentâneo de Deus

Quando a face de Deus está voltada para você, Ele pode também estar te corrigindo, mas não creio que isso seja algo severo. Sua correção é com o propósito de te fazer voltar a Ele se você estiver no pecado. Sua maior amostra dessa determinação é o Pai abandonando, por um momento, Seu Filho mais amado para criar um caminho de salvação eterna. A palavra chave aqui é por um "momento".

Isso é algo que Deus mesmo não pode aguentar. Sua própria graça é forte demais, e ela O conduz de volta ao clamor de Seu povo e de Seu próprio Filho na cruz.

Abandono pode vir de Deus, e Ele terá uma razão para tal. Geralmente não temos a capacidade de entender a resposta, e na maioria das vezes não queremos uma resposta, apenas queremos que o abandono acabe imediatamente. Essa deve ser uma parte que Jesus quando na cruz se identifica conosco. Assim como os sobreviventes do Holocausto, ambos devem ter implorado para o tempo de abandono de suas circunstancias chegar ao fim.
- É de alguma forma diferente para nós hoje?
- Estamos implorando para o nosso abandono aparente terminar?

Deus pode permanecer em abandono de nós apenas por um momento. Esses momentos de abandono podem ter sido expressados em seis anos de guerra mundial. O homem e capaz de viver a sua vida inteira em estado de abandono de Deus.

De muitas formas, os homens não estão fazendo perguntas a respeito do abandono, estão apenas acusando Deus. Se a tua acusação contra Deus é genuína e não apenas uma forma de auto justificação, Deus tem o direito de acusar de volta, de retorquir. Ele vira Seu rosto dos homens por um instante, os homens, porém, têm mostrado, com a história, que abandonaram Deus por milhares de anos.
- Qual é a resposta da humanidade quando Deus pergunta, "Por que tens me desertado?"

Julgamento e advertência

Haviam julgamentos dentre o Holocausto, mas não sem as advertências do Pai. Por causa de Seu coração, Ele deu várias advertências na práticas e profeticamente ao longo da década de 1930, mais especificamente para os Judeus na Alemanha e na Europa de 1932 e 1939.

Alguns exemplos:

1. As leis de Nuremberg foram passadas na Alemanha restringindo a movimentação dos Judeus.

2. Alguns rabinos aconselharam os Judeus a não deixarem o país, pois a loucura dos Alemães seria apenas temporária.

3. Israel, então chamado de Palestina, estava aberto para imigração no começo de 1930. Um forte líder Sionista, chamado Zeev Jabotisnky, visitou um número de comunidades judias tentando convence-los a sair. "Vocês não conseguem ver a fumaça? Não conseguem sentir a terra queimando sob seus pés? Saiam enquanto podem! Vão para Israel!" Essa foi uma advertência muito prática e profética de um grande líder Judeu.

4. A Palestina começou lentamente a fechar a entrada em 1936, após o início das revoltas árabes. A Palestina finalmente fechou as portas ao Povo Judeu da Europa em 1939, no mesmo ano que o Papel/Livro Branco quase trouxe um fim à imigração Judia.

5. Os Judeus que prestaram atenção às advertências e imigraram à Palestina foram salvos da destruição.

As advertências, os sinais, e até mesmo os relatos da destruição que estavam por vir foram ignorados ao ponto dos Judeus Poloneses considerarem a Polônia como seu país e Terra Prometida e algumas de suas cidades eram Jerusalém. Eles adotaram uma teologia de substituição que precisava ser destruída.

Também creio que o julgamento tem um tempo definido, uma linha que o Senhor traça na areia. Conforme o julgamento se aproxima, Ele procura por intercessores e profetas para ajudar a diminuir o impacto dos efeitos do que Ele sabe que o homem fará ao seu próximo quando a Sua graça for removida momentaneamente.

O mundo subsiste pela graça de Deus. Se Sua graça é retirada e Sua face afastada mesmo por um instante, os homens se comportarão de acordo com suas naturezas. Matam um ao outro, buscando seu próprio controle. Eles criam movimentos de domínio onde se afiliar. Isso descreve perfeitamente a preparação do mundo para a segunda guerra mundial.

O fruto dessa guerra foi um número de cinquenta e cinco milhões de pessoas mortas em seis anos.

 A terra de Israel nasceu a partir da morte, julgamento, e do Holocausto da Segunda Guerra Mundial.

♦   Poderia Israel ter acontecido sem o Holocausto?

Separação e abandono

♦   Existe razão para Jesus sentir e conhecer a ausência da presença de Deus?

Com Jesus essa pergunta paira no ar, não como uma acusação, mas como uma expressão genuína da plenitude de Sua dor. Por fé Ele sabe que há uma resposta para ausência, mas o Pai não a revelou. Jesus deve ter pensando quando estava na cruz:

♦   Existem vezes que a separação do Pai é algo bom?

♦   Este abandono é de fato necessário?

Parece que abandono e perda trazem à superfície algumas das perguntas mais difíceis da vida:

♦   E se algo terrível está acontecendo e Deus decide não intervir, não impedir, e Ele apenas deixar que tudo aconteça?

♦   Isto significa que Ele não está presente?

Houve pelo menos treze tentativas de assassinato contra Adolph Hitler, e todas falharam. Auschwitz poderia ter sido bombardeada no final da guerra, mas não foi.

♦   Novamente, onde estava Deus?

Sim, Satanás tem poder, mas pertence a Deus a decisão final. Se Deus é todo poderoso e tudo sabe, Ele conhece a natureza do homem. Ele permitiu que o homem expressasse sua natureza assassinando seis milhões de Judeus.

♦   Deus tem que virar a Sua face para que a maldade aconteça?

♦   É esta a pior forma de julgamento quando Ele vira Seu rosto por um momento?

Na economia de Deus, esse breve momento pode ter levado seis anos....
Em hebraico, a expressão é *asserut panim*, "encobrir ou remover a face,
virar-se".

Resumo

Deve ter sido a parte mais dolorosa para o Pai ter sentido o abandono de
Seu Filho, mas por alguma lei espiritual ou princípio a ser cumprido, Ele teve
que abandonar Seu Filho mais amado. Ele permitiu que Seu Filho
conhecesse o abandono em toda sua profundidade para dar a possibilidade
de redenção a um mundo perdido.

A crucificação é em si um ato de intercessão e redenção. Jesus teve de
trazer redenção ao lugar de abandono, mas como sumo sacerdote e
principal intercessor, Ele teve de experimentá-lo de forma completa. Ele
permite que Seu povo sinta abandono de maneira profunda para entender
Seu próprio sentido de abandono.

Se eles pudessem entender as lágrimas que Ele derrama com um Pai
quando traz julgamento, certamente odiariam o abandono tanto quanto Ele
o odeia. Rejeitar, abandonar, ou substituir é a força de destruição mais
devastadora em um relacionamento. Deus demonstra Seu ódio por esses
três atos ao permitir que Seu único Filho suportasse uma cruz para resgatar
aqueles a quem Ele ama.

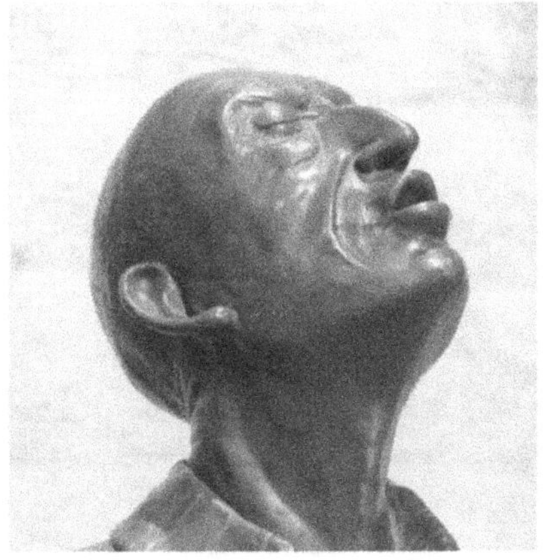

Perguntas para discussão

As seguintes perguntas foram apresentadas a você pelo autor durante o texto. Por favor, escolha pelo menos três e discute-as em grupo ou reflita, medite e/ou escreva sobre elas individualmente.

1. Seria possível que o Pai tenha abandonado Seu Filho?
2. Está Jesus realmente perguntando, "Por que me abandonaste?"
3. Como pode haver um Deus se coisas como o Holocausto acontecem?
4. Onde estava Deus durante o Holocausto?
5. Por que Jesus está perguntando, "por que não posso achá-lo ou sentir a Sua presença quando mais preciso senti-la? Há uma razão por que (agora) tens me deixado sozinho?"
6. Qual é a resposta da humanidade a Deus quando Ele pergunta, "Por que tens me desertado?"
7. Poderia ter Israel surgido sem o Holocausto?
8. Há alguma razão por que Jesus teve de sentir e conhecer a perda da presença de Deus?
9. Há momentos de separação do Pai que são bons?
10. Deus deve virar Sua face para que o mal aconteça?

"Tenho sede."

Painel # 5
Quinta frase das últimas sete frases de Jesus

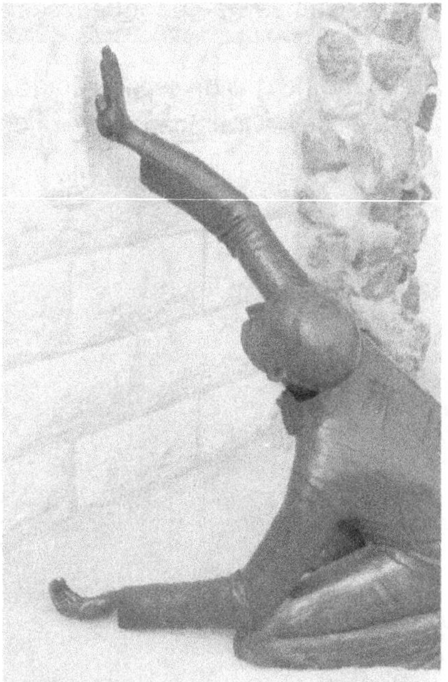

Depois, sabendo Jesus que já todas as coisas estavam terminadas, para que a Escritura se cumprisse, disse: Tenho sede.

João 19:28

Palavra-Chave: sede

Objetivos

Nesta seção você aprenderá:

1. A identificar o conceito de sede de diferentes perspectivas.
2. A examinar o conceito de sede do ponto de vista da identificação.
3. A analisar por que Jesus experimentou tamanha sede.
4. A explorar o princípio de identificação de intercessão nesta quinta frase de Jesus.
5. A defender o princípio do ponto extremo que Jesus foi para se identificar com Seu próprio povo.

Jesus como a água da vida

Este é o clamor de Jesus; é um clamor pessoal, um que pertence aos seus próprios sofrimentos. Um choro que se expressa como choro interno, e não apenas como uma necessidade imediata. Ele se declarou como o doador da água da vida, e se qualquer homem d'Ele beber, nunca mais terá sede. Se Jesus se declarou como a Fonte de água viva e Ele agora diz que tem sede, isso deve significar que Ele não tem mais nada sobrando, nenhuma gota; Ele se deu por completo.

A sede de Jesus

É por isso que há um sentido de que tudo está se movendo para baixo na minha escultura da Crucificação. Os dedos nas mãos estão surrealmente dependurados, a cabeça está inclinada para o lado e boca está aberta. Tudo foi extraído d'Ele. Quando água é derramada, ela busca o lugar mais baixo antes de parar. Ele é nossa oferta de bebida derramada até a última gota. A gota final, a última lágrima é representada em Seus pés, afinando-se a ponto de parecer-se com uma gota.

A figura do Holocausto

A escultura representando o sobrevivente do Holocausto tem uma mão quase tocando o pé do crucificado, representando a última lagrima. Os prisioneiros do campo de concentração diriam que eles não têm mais lágrimas para derramar. Quando não restam mais emoções, a alma seca.

A identificação do Holocausto com a sede

A figura do Holocausto está agachada, também em movimento para baixo – não em um lugar de adoração, mas em uma identificação com o derramar-se. Sede, da perspectiva do Holocausto, teve imensa identificação.
Diziam que dentro dos campos de concentração você podia sobreviver por muito tempo com pequenos pedaços de pão, mas se você não tiver água

para beber, morreria em um dia.

A outra mão da figura representando o Holocausto está rente ao chão, em forma de concha procurando a água que se derramou do âmago. Como acontece a todos os homens, isto representa que há uma sede interna, a seca invisível que pode matar a alma, não só o corpo.

Uma reflexão específica de Auschwitz é quando os prisioneiros chegavam; eles eram amontoados em vagões de gado por longos dias sem comida ou água. Uma porcentagem daqueles que chegavam aos campos já haviam morrido nos vagões, na maioria das vezes de sede. Aqueles que aguentaram tais torturas puderam entender da maneira mais profunda a sede vinculada ao sofrimento e a morte.

Resumo

Se Jesus é uma fonte infinita, como Ele chegou à última gota? Deve ser o mesmo princípio de identificação intercessória como na última frase. Para a crucificação trazer redenção ao lugar de sede, Jesus deve conhecê-la pessoalmente.

Ele carregou essa experiência por completo em Seu próprio corpo e alma. Para que Ele possa interceder por completo por nós, Ele deve ter identificação completa com a sede. Novamente, devemos chegar à conclusão de que se Ele está disposto a se identificar conosco, quanto mais deve se identificar com o Seu próprio povo!

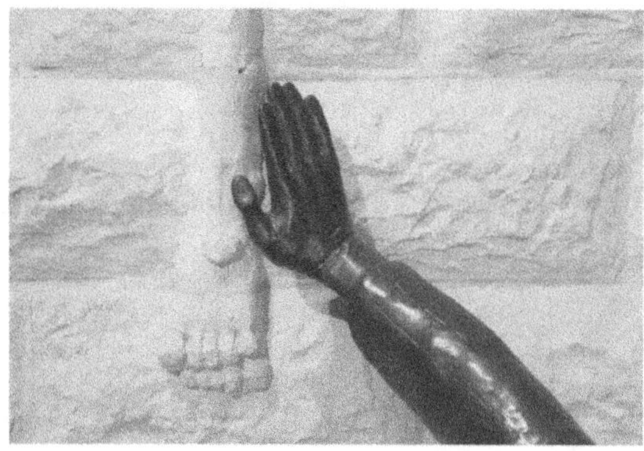

Perguntas para discussão

1. Jesus declarou ser a água da vida. Agora Ele diz estar com sede. Discuta e explore o paradoxo de Jesus sendo a água da vida e tendo sede.
2. A escultura do Holocausto tem uma mão quase tocando os pés crucificados de Jesus, representando aquele último ano. Por que o artista fez a escultura do Holocausto não tocando os pés de Jesus?
3. O que traz a "seca da alma"? Discuta as extremas circunstâncias e condições que devem ter causado aquela secura aos prisioneiros dos campos de concentração.
4. Explore João 19:28–29 novamente. Por que a frase "tenho sede" cumpre as escrituras?
5. Qual é o princípio de identificação intercessória nessa frase?
6. O artista conclui com esta pergunta: novamente, devemos chegar à conclusão de que se Ele está disposto a se identificar conosco, quanto mais está disposto a se identificar com Seu próprio povo? Qual é tua conclusão a esta pergunta? Explore e discuta tuas respostas.

„Está consumado.“

Painel # 6

Sexta frase das sete últimas frases de Jesus

*E, quando Jesus tomou o
vinagre, disse:
Está consumado.
E, inclinando a cabeça,
entregou o espírito.*

João 19:30

Palavra-Chave: consumado

Objetivos

Nesta seção você aprenderá:

1. A identificar o conceito de estar consumado de diferentes perspectivas.
2. A examinar conceito de consumação da perspectiva da identificação.
3. A analisar o conceito de consumação para os Judeus apos da segunda guerra mundial.
4. A analisar o que o conceito de consumação significou para Jesus.

O término de Seu sofrimento

Essa é uma palavra de significância em tantos níveis diferentes que você pode até se perguntar, "o que ela significa?" Jesus está trazendo um fim ao Seu sofrimento. Isso por si só é incrível. Historicamente, a crucificação poderia durar dias. E se entendemos corretamente, a crucificação de Jesus durou horas, não dias.

Tenho várias perguntas a respeito do porquê de Jesus ter morrido apenas em horas:

♦ Será que o castigo que Pilatos mandou aplicar a Jesus foi tão severo que encurtou seu tempo na cruz?

♦ Se Jesus é visto como o sacrifício pascal, deveria Ele ter sido imolado antes da páscoa começar?

Os Judeus no controle queriam que as pernas dos crucificados fossem quebradas para que a morte lhes sobreviesse imediatamente e não ficassem pendurados em suas cruzes durante a Páscoa. No pensamento religioso Judeu, a páscoa seria perturbada ou de alguma maneira afetada por corpos pendurados durante o festejo. Quebrar as pernas das vítimas lhes traria morte imediata por sufocação. Quando chegaram a Jesus para quebrar-lhe as pernas, ficaram surpresos, mesmo espantados que já estava morto. Obviamente em toda sua experiência de crucificações, os soldados ainda não tinham visto a morte chegar a uma vítima tão depressa.

Identificação com o Holocausto

Morte por sufocação na cruz sempre chamou minha atenção em sua identificação com o Holocausto. A crucificação foi criada para infligir o máximo de sofrimento e dor à vítima pelo maior tempo possível. O estágio final da morte era por sufocação quando a vítima não podia mais se apoiar para respirar. Identificando-se, as vítimas do Holocausto nos campos de concentração foram forçadas a trabalhar duro sem comer até morte por exaustão. Na maioria dos casos, o golpe final da morte foi morte por sufocação nas câmaras de gás.

O término do sobrevivente do Holocausto

Para os sobreviventes do Holocausto na Europa, o ano de 1945 foi o "Término". Término para o sobrevivente significou que nada era claro para ele. A guerra havia acabado, mas o que fariam agora? Aqueles que sobreviveram aos campos tentaram voltar aos lugares que os ajudariam a lembrar quem eles eram como pessoas: seus vilarejos e casas. Esses eram os lugares de mais profundas memórias e identidade dos sobreviventes. Suas mais profundas memórias, que os mantiveram vivos durante os campos da morte, se tornaram tão-somente mais um lugar de tristeza devastadora. É como se tivessem desaparecido.

O término Polonês

Para os Judeus Poloneses especificamente, sua tradição ancestral na Polônia é de aproximadamente 900 anos. A maioria dos Judeus Europeus morava na Polônia e era sua maior fonte de memórias como um povo. O que descobriram quando retornando a suas casas foi uma destruição ainda maior de suas memórias e história. É como se não tivessem existido. Outros povos, muitos sendo Poloneses locais, estavam agora vivendo em suas cidades e ocupando as suas casas.

Está registrado na história que quando retornaram não foram recebidos com simpatia, mas com indignação e fúria: "Como você ousa voltar!" Conforme o ano de 1945 terminava, havia uma série de *pogroms* e revoltas contra os Judeus em toda a Polônia e Ucrânia. Vinte e cinco mil Judeus que sobreviveram ao Holocausto foram mortos em frente a suas próprias casas pelas mãos de seus vizinhos gentios. Tudo estava *terminado.* Tudo havia desaparecido. Tudo que conheciam havia apagado.

A escultura do Holocausto

A escultura de resposta ao *"término"* foi cobrir a sua face com as suas mãos. Ele perdeu sua identidade e não pode enxergar nada. A outra mão do sobrevivente está no ar tentando encontrar um lugar para onde apontar, mas não há nenhum, a mão apenas paira no ar. Não há para onde ir.

Ninguém quis os Judeus em 1939, e agora em 1945 depois da guerra, ainda não havia lugar algum para eles. O único lugar que os receberia era a pré-Israel Palestina, e os Britânicos estavam fazendo de tudo para impedir-lhes a entrada.

Então onde poderiam ir? Eles tiveram de ir ao único lugar que conheciam, de volta aos campos. Os mesmos campos de concentração de onde foram liberados agora serviam como campos para refugiados. Para o sobrevivente, esse término foi como voltar à cova, ao lugar em que tudo e todos que conhecia foram mortos e enterrados. O término para o sobrevivente foi voltar a uma morte prévia, a uma cova.

Esculpindo "o término, a consumação" para Jesus

Enquanto representava "a consumação" na crucificação, perguntava a mim mesmo:

- ♦ Estava Jesus trazendo a própria morte a um fim?
- ♦ Era esse agora o término de Sua intercessão?
- ♦ Ele terminou tudo o que o Pai lhe havia delegado?

Conforme explorava tais questões, esculpi a expressão em Seu rosto intensa e determinada. Os dedos em Suas mãos estão cobrindo as cabeças dos pregos. Não se vê os pregos. Ele está intencionalmente fazendo os pregos desaparecer.

Resumo

Para os sobreviventes do Holocausto, a vida que conheciam foi dissipada. Foi um final terrível mas completo. O Israel e a Jerusalém falsos que criaram na Polônia tiveram que ser destruídos por completo para que os lugares reais fossem ressuscitados. Quando a guerra terminou três anos passaram até a ressurreição da nação e nascimento de sua nova pátria Israel.

Para algo novo começar, algo velho deve terminar. Jesus se entregou a essa morte como um ato de obediência ao Pai, assim Ele tem total autoridade terminar a Sua vida. Como Ele diz em Apocalipse 21:6, "E disse-me mais: Está terminado. Eu sou o Alfa e o Ômega, o princípio e o fim."

Perguntas para discussão

1. Releia os dois primeiros parágrafos intitulados: "O término de seu sofrimento."
2. Qual é sua conclusão do porquê de Jesus ter morrido em algumas horas e não dias?
3. Reflita sobre a foto do painel #6. Por que você acha que o sobrevivente do Holocausto tem sua mão sobre sua face?
4. O que você diz ao sobrevivente do Holocausto que teve de voltar ao campo de refúgio onde ele/ela esteve encarcerado?
5. Reflita novamente sobre a foto do painel #6 e então discuta as seguintes perguntas apresentadas pelo artista:
   - Estava Jesus trazendo a própria morte a um fim?
   - Era isto então o fim da Sua intercessão?
   - Ele terminou tudo o que o Pai lhe havia delegado?
6. Explore e discuta o resumo do artista: "Jesus tinha total autoridade para trazê-la a um fim."

„Pai, nas tuas mãos entrego o meu espírito.“

Painel # 7

Sétima frase das sete últimas frases de Jesus

*E, clamando Jesus com grande
voz, disse:
Pai, nas tuas mãos
entrego o meu espírito.
E, havendo dito isto, expirou.*

Lucas 23:46

Palavra-Chave: entrega

Objetivos

Nesta seção você aprenderá:

1. A identificar o conceito de *entrega* da perspectiva de Jesus.

2. A examinar a ideia de sepultamento e ressurreição das perspectivas da cruz e do Holocausto.

3. A explorar o conceito de o que *"entregar* seu espírito e memória" significou ao sobrevivente do Holocausto.

4. A explorar a ideia de "Por que o foco nos Judeus?"

5. A apoiar o conceito do autor de "Por que o Pai nunca esquece os Judeus."

Jesus entrega seu Espírito

Estas são as palavras finais quando Jesus entrega Seu espírito às mãos do Pai (as mesmas mãos que no Getsêmani pressionou o cálice de sofrimento às mãos de Jesus). As mãos do Pai são as únicas mãos que puderam receber o espírito de Jesus.

Esse é o mesmo Deus a quem Jesus clamou anteriormente "Deus meu, Deus meu, por que me abandonaste?" Agora, Ele *entrega* Seu espírito de volta às mãos do Pai. Jesus sabe que Deus está lá quando termina a Sua intercessão. Ele sabia que nas mãos do Pai estava a esperança da ressurreição. Foi a ressurreição que provou seu relacionamento e respondeu as perguntas.

A figura da Crucificação

A morte agora se assenta no corpo de Jesus. A crucificação está ao seu ponto mais crítico, com nada mais para entregar, pois tudo já lhe foi tirado. O corpo aparenta ser apenas pele sobre ossos. Ele está vazio. Em Sua ressurreição, Ele será novamente preenchido para ser novamente a fonte de água da vida.

Na ressurreição de Jesus, vemos mais uma comparação entre o Holocausto e a crucificação: Jesus esteve sepultado por três dias. O povo Judeu foi sepultado por três anos, de 1945 a 1948. Finalmente, em 1948 o novo Estado de Israel se tornou o único lugar do planeta que queria receber os sobreviventes Judeus.

A figura do Holocausto

A escultura do sobrevivente do Holocausto representa aquele "sepultamento" entre 1945 e 1948. Ambas as partes do Holocausto estão aqui representadas.

Primeiro, o sobrevivente desabou sob o peso da manta que carrega que simboliza os que pereceram. O sobrevivente tombou, o manto da morte se alastra sobre e o cobre, puxando-o para baixo. Os sobreviventes tiveram de voltar para os campos de concentração. Não havia outro lugar aonde pudessem ir. Estavam desabrigados, sem pátria e despedaçados.

Era como se os sobreviventes e os que pereceram estavam sendo enterrados juntos. Os campos continham as covas onde os sobreviventes enterraram tudo que conheciam. Agora, entre os anos de 1945 e 1948, tiveram de voltar às covas junto com os mortos. Conheci sobreviventes que tiveram de ficar no mesmo campo de concentração por todos aqueles anos entre 1945 e 1948. A expressão facial do Holocausto é uma reação a essa segunda carceragem. Ele está perguntando, "Quanto tempo, Senhor, durará meu sepultamento?"

Por segundo, uma figura muito surreal emaciada está entrelaçada à manta pesada, que representa os que pereceram. A figura na manta está se dobrando e encobrindo o sobrevivente, e as suas mãos estão viradas para cima. É a oração dos que pereceram aos sobreviventes, "Em tuas mãos nós *entregamos* nossos espíritos e a nossa memória."

É característica dos sobreviventes constantemente sentir-se forçado a lembrar dos mortos. A memória dos que pereceram é colocada nas mãos dos sobreviventes. É por isso que creio haver tantos memoriais às vítimas do Holocausto. Esses memoriais nascem da mesma compulsão: "Em tuas mãos nós *entregamos* nosso espírito e nossa memória."

Por que o foco nos Judeus?

As pessoas geralmente me perguntam, "por que tamanho foco nos Judeus? Houve outros mortos no Holocausto." É verdade, houve muitos outros genocídios no mundo além do Judeu. Stalin matou aproximadamente vinte milhões em seu genocídio. Outros incluíram Camboja, Ruanda e a chacina dos Armênios nas mãos dos Turcos.

Minha resposta é perguntar de volta: "Diga-me por que Hitler, quando soube que a guerra estava chegando ao fim, usou seus próprios trens para transportar os Judeus a Auschwitz?" Esses mesmos trens poderiam ter sido usados para salvar algumas de suas tropas na Rússia, ao invés Hitler estava determinado a matar os Judeus.

Por que ainda há um movimento similar no mundo islâmico para matar os Judeus a todo custo? Eles são mortos porque são Judeus, e não por que eles são bons ou maus Judeus, boas pessoas ou más pessoas, mas simplesmente porque são Judeus.

O que há nos Judeus que leva um Hitler ao genocídio, mas ao mesmo tempo faz com que seus sofrimentos sejam memoriais no mundo todo? A maioria dos países tem dias dedicados à memória do Holocausto, museus, monumentos, peças de teatro, filmes, poemas e músicas para relembrar esse genocídio.

É apenas nos Judeus que há esse desejo de expressar sua própria memória? Provavelmente não, ... Há um forte impulso entre o povo Judeu para o lembrar, mas os Judeus representam menos de 1 por cento da população mundial total. Poderia ser que Deus mesmo é quem exige essa memória?

Resumo

Jesus foi morto como "O rei dos Judeus." Estas são as últimas palavras escritas sobre sua cabeça em três línguas. Foi pelo Seu reino e Sua ligação aos Judeus que concluíram Seus sofrimentos. Jesus disse, "Quando beberdes desse vinho e comerdes do pão, simbolizando Seu corpo partido e seu sangue derramado, faça isso em memória de mim."
Suas últimas palavras da cruz foram "em tuas mãos *entrego* meu espírito." Às mãos de Deus Ele volta como o "Rei dos Judeus". Deus deu a Jesus um lugar memorável na história humana como o de nenhum outro homem. O mesmo também pode ser dito a respeito do Povo Judeus.

Enquanto outros povos antigos desapareceram da face da terra e são lembrados apenas superficialmente, os Judeus ainda estão aqui. Enquanto o Reino de Jesus for lembrado, eles também serão. Agora os Judeus estão de volta à sua terra natal e são lembrados quase todos os dias na mídia.

Deus nunca esqueceu a Sua aliança ou as Suas promessas para com eles porque Ele é um Pai fiel. Eles são assim lembrados porque o Pai não os esquece!

Perguntas para discussão

1. O autor diz: "Jesus sabia que nas mãos do Pai estava a esperança da ressurreição. Foi a ressurreição que comprovou Seu relacionamento e respondeu às suas perguntas." Discuta por que a ressureição provou o relacionamento entre Jesus e o Pai. Que perguntas isto respondeu a Jesus? Que perguntas isto responde a você?
2. Reflita na figura do painel # 7. Qual você acha que é o diálogo relacional entre a figura do Holocausto e a figura da crucificação?
3. Depois de ter lido as seis seções anteriores, qual é a sua resposta para a pergunta, "Por que tamanho foco nos Judeus?"
4. Discuta ou escreva um resumo sobre o que aprendeu nestas sete seções de como o Pai manteve Suas promessas feitas ao povo Judeu.
5. Como sua visão, pensamento ou vida de oração foi impactada por estas sete seções?

EPÍLOGO "A Borbolela" – Restauração e Vida

Após a morte e o sepultamento, poderia haver ressurreição?
A questão que sempre pairava no ar era, - será que existe uma relação entre a Crucificação e o Holocausto?
Haveria algo em comum nos sofrimentos de ambos?
A morte era óbvia para os dois, mas, e o enterro?
Parecia haver uma semelhança temporal: Jesus foi enterrado por 3 dias, e o povo Judeu por 3 anos, desde a primavera de 1945 até a primavera de 1948, quando Israel renasceu como uma nação.
Seria isto o fim do sepultamento e o início da ressurreição?

Eu criei a escultura da "Borboleta" antes de criar o meu trabalho no muro da Fonte de Lágrimas. A criança no crematório surgiu de um livro e de uma música. O livro chamado 'Nunca mais vi outra borboleta', que é uma coletânea de poesias e desenhos feitos por crianças que estavam presas no campo de concentração em Terezin.
Milhares de crianças foram assassinadas nas câmaras de gás de Auschwitz-Birkenau. E essas pequenas poesias tornaram-se as suas últimas palavras.
O livro "A Borboleta" foi escrito por Pavel Friedmann, em 4 de junho de 1942.

Quando os painéis e esculturas da Fonte de Lágrimas estavam quase terminados, surgiu a questão da ressurreição.
Olhando para a escultura da "Borboleta", veja que a mão da criança atravessa a porta do forno crematório, segurando um pequeno pedaço de terra, - esta é a ressurreição, o início de um povo voltando para uma terra.
A criança segura a terra, apega-se a ela, mas nunca a vê, como a borboleta. Também como a borboleta da escultura, a ressurreição está fora do alcance da criança; lhe pertence mas sequer consegue senti-la.

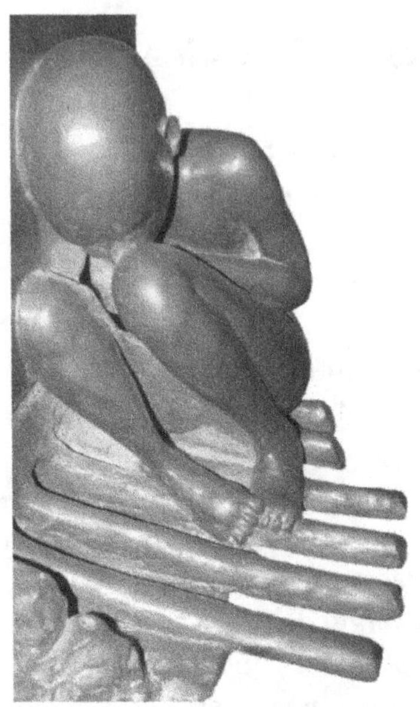

Nessa escultura, as folhas de oliveiras cobrem a terra, representando o óleo, o azeite de oliva. Nos tempos bíblicos, o azeite era usado para curar e ungir.

Esse óleo traz restauração para Israel, que saiu das cinzas dos crematórios para formar uma nação; e, o faz conhecer a unção que Deus derrama sobre Israel.

O último, o último,
tão ricamente, brilhantemente,
deslumbrantemente amarelo.
Talvez se as lágrimas do sol
cantassem
contra uma pedra branca...
Tal, tal amarelo
é levado levemente para cima.
Foi embora, eu tenho certeza
que foi porque queria,
despediu-se do mundo.
Durante sete semanas eu vivi
aqui,
cercado dentro deste gueto
mas encontrei meu povo aqui.
Os dentes de leão me chamam
e também as velas de
castanheiro branco no pátio.
Só que eu nunca vi outra
borboleta.
Essa borboleta foi a última.
As borboletas não vivem aqui,
no gueto.

Poema escrito por Pavel Friedmann em 4 de junho de 1942. Morreu em Auschwitz-Birkenau em 29 de setembro de 1944.

EPÍLOGO – O abraço Final e o Cálice vazio

A última escultura simboliza a ressurreição do relacionamento, a declaração final da união dessas duas personalidades. O cálice de sofrimento que no Getsêmani estava cheio, está agora vazio. Getsêmani mostrou que a crucificação foi a vontade do Pai.

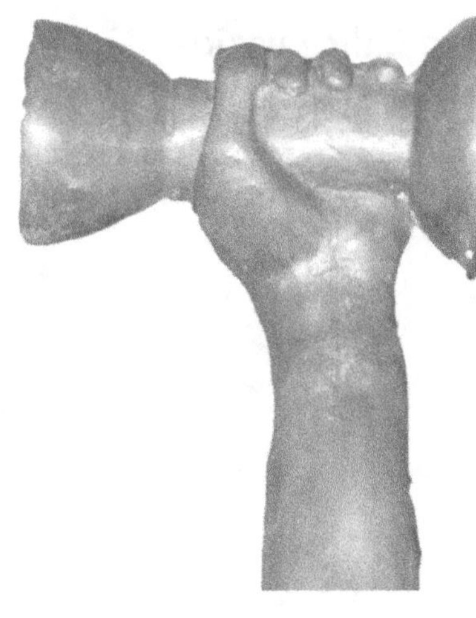

Teria sido o Cálice de Sofrimento para o Povo Judeu também a vontade do Pai?

Na escultura das duas pessoas, somente metade de seus corpos estão saindo das pedras, pedras que representam os que pereceram no Holocausto.

Porque Jesus escolheu, de vontade livre, beber do cálice, agora Ele esta segurando um cálice vazio. Há esperança, futuro, que essas duas pessoas irão reconhecer uma à outra num abraço que traz vida.

Minha oração para este estudo é que todos que por aqui passarem entendam o relacionamento do Pai com o Povo Judeu e com Sua Terra Israel. O desejo do Pai é de recompensar e devolver tudo aquilo que deles foi tomado. Ele se identificou da maneira mais profunda com o sofrimento do Seu Povo.

Entre a crucificação e o Holocausto há uma real possibilidade de diálogo. Meu desejo é que você se junte a essa intercessão que tão intencional e poderosamente pertence a Ele e às Suas lágrimas, até a intercessão terminar e Jerusalém se tornar objeto de louvor por toda Terra.

Rick Wienecke, Dezembro 2017

Sobre o artista: Rick Wienecke

Em 1976, desesperançado, o Canadense Rick Wienecke começou a procurar por Deus. Embora Rick não fosse Judeu, ele se sentiu atraído por Israel e tornou-se fascinado com a ascensão dessa nação. Ele queria saber como foi que o Povo Judeu sobreviveu à devastação do Holocausto e como, apenas três anos depois, eles se declararam uma nação, e, como conseguiram vencer a Guerra da Independência em 1948 apesar das constantes ameaças de aniquilação. Rick chegou à conclusão que, se existia um Deus, Ele devia de alguma maneira estar ligado àqueles Judeus e àquela Terra.

No ano seguinte, Rick chegou a Israel para trabalhar em um kibutz por seis meses e acabou ficando sete anos. Durantes esse tempo no kibutz, os três lugares mais profundos de relacionamento do Rick foram trazidos à tona: o seu amor por Jesus, quando Rick se tornou um crente; a Terra e o Povo de Israel; e a sua esposa Dafna. Milagrosamente Rick recebeu residência Israelense, serviu no IDF – Exército de Israel e foi combatente na Primeira Guerra do Líbano. Rick mora em Israel há mais de trinta anos.

Durante aqueles primeiros anos vivendo no kibutz, o talento de escultor começou a tomar forma na vida do Rick. Para ele, esculpir é um mecanismo feito através de oração, é escutar ao coração de Deus e então dar-lhe uma forma tridimensional. Pessoas que visitam as esculturas 'A Fonte das Lágrimas' (The Fountain of Tears) percebem e reconhecem essa intercessão.

Uma 'Fonte das Lágrimas' em Birkenau – A Viagem

Em 2010 eu estava acompanhando Geoff, um amigo próximo, na sua primeira visita a Birkenau. Mostrei-lhe o campo e seus arredores.

O clima estava gelado e chovia muito - as circunstâncias perfeitas para ver Birkenau, pois neste tipo de clima as pessoas se conectam melhor com a memória do campo. Enquanto caminhava com Geoff, de repente, do nada, como se alguma coisa se interpusesse na atmosfera de Birkenau, senti como se o Senhor me dissesse: "A 'Fonte' virá aqui para Birkenau!"

Obviamente chocado, eu prestei atenção. Através dos anos eu aprendi a responder a esses 'de repente'. Ok, eu pensei, se isso é realmente do Senhor, Ele terá que confirmá-lo. No entanto, eu não vou buscá-lo ou fazer isso acontecer.

Em 1941, a chamada Judenrampe em Auschwitz tornou-se o ponto de seleção dos judeus que chegavam em vagões para gado de toda a Europa. Uma estreita estrada de terra conduzia desta plataforma aos portões de Birkenau. Aqueles selecionados para uma morte imediata nas câmaras de gás tiveram que andar aquele caminho até os portões distantes. Aqueles selecionados para viver um pouco mais andavam na direção oposta - para Auschwitz I, o campo mãe. Em 1944, Rudolf Hess, o comandante do campo de Auschwitz, ordenou colocar uma via férrea a partir do ponto de seleção direto para os portões de Birkenau.

Ponto de seleção dentro de Birkenau - então e agora.

"Se esta terra que vamos comprar tem algo a ver com a estrada de terra para o campo ou com os trilhos da estrada de ferro, essa seria a confirmação final que eu preciso", eu disse ao Senhor.

Finalmente, a fundação Fonte das Lágrimas pôde comprar a propriedade de Birkenau dentro do período de tempo de dois meses. Com as primeiras doações fomos capazes de comprar a terra, contratar um arquiteto e criar os projetos.

E então me lembrei da palavra que o Senhor me havia dito quatro anos atrás: "Preste atenção ao ano de 2012, será um ano como você nunca conheceu antes!"
Olhando para trás, eu percebi que mais coisas surpreendentes tinham acontecido em 2012. Ao longo do ano de 2011, eu tinha estado ocupado com vários tipos de projetos em diferentes lugares. E então, de repente, no final daquele ano, tudo parecia ter secado. Havia possibilidades de trabalho, mas nada se materializava. Até agosto de 2012, eu não tinha vendido uma peça de arte nem estava trabalhando em nenhuma encomenda. Como eu tinha ganhado bastante no ano e meio anterior,

tínhamos suficiente dinheiro para passar 2012. Parecia que sempre havia algo acontecendo na Polônia e na Alemanha. Como eu não tinha nenhuma encomenda na qual trabalhar, eu conseguia participar desses eventos quase todos os meses.

Foi incrível ver como Deus forneceu as finanças para o projeto de Birkenau. Mesmo sem renda por quase um ano inteiro, eu consegui viajar para Polônia sempre que me necessitavam para fazer os preparativos para o projeto.

Senti um medo santo ao entrar neste espaço geográfico de Birkenau. Se houvesse na 'Fonte' uma reflexão ou relacionamento entre o Holocausto e a crucificação, Birkenau, em minha opinião, representava o Gólgota para o povo judeu, assim como Jerusalém havia sido o Gólgota para a crucificação.

Birkenau representava um espaço geográfico diferente de qualquer outro no planeta. Havia mais sangue judeu derramado lá do que em qualquer outro lugar da terra. O solo de quilômetros ao redor do campo tinha sido saturado com cinzas, as cinzas dos cadáveres judeus saindo dessas chaminés. Os crematórios haviam queimado 24 horas por dia, 7 dias por semana. Eu sentia que tinha que haver uma casa de oração criada em relação à 'Fonte' e que deveria estar ativa dia e noite, da mesma maneira que os fornos queimaram dia e noite.

Eu até tive a sensação de que a terra ao redor do campo pertencia a Israel; tinha sido, de certo modo, comprada por sangue, sangue judeu.

Eu tinha muitos pensamentos e sentimentos nesses passos iniciais.

Eu esperava, às vezes, que o Senhor interrompesse o impulso e até me dissesse: "Muito bem. Você não precisa ir mais longe. Você tem crédito por sua disposição."

No entanto, as palavras que continuavam chegando eram: "**Sem atrasos!**" Começamos a ver isso uma e outra vez.

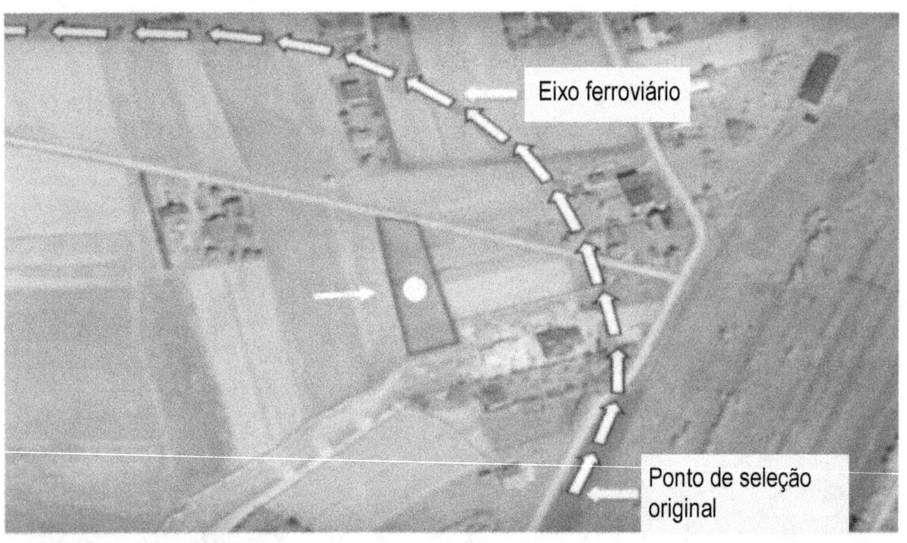

Dafna e eu estamos cientes de certos elementos de tempo: o terreno para a 'Fonte' foi comprado em 2012. Esse ano foi um marcador de 70 anos na história de Birkenau. Setenta anos antes, em 1942, uma decisão foi tomada pelo nível superior do SS, no exército alemão, em relação a todos os judeus da Europa. Eles a chamavam de "solução final para o problema judeu".

Desenhos e planos para a 'Fonte' em Birkenau.

No dia 23 de janeiro de 1942, foi tomada a decisão de que todos os judeus da Europa seriam mortos por gás e os corpos queimados.
Na primavera de 1942, Birkenau nasceu e se tornaria o maior centro de matança dentro do regime nazista.

Também em 2012, pela primeira vez na história de Israel como uma nação, a população judaica do país chegou a 6 milhões. O Senhor tinha prometido na palavra 'retribuição' que Ele ia resgatar o número 6 milhões, de modo que o que sempre foi um número que representava a morte do povo judeu seria transformado em um número que representava a vida.

Sempre me surpreendeu que o povo judeu não só tivesse sobrevivido ao Holocausto, mas que tivesse formado um país três anos após o seu fim. Houve ameaças de aniquilação sobre esta nação desde o seu nascimento até agora. No entanto, eles agora estão no marcador de 70 anos após uma decisão que foi tomada e que levou 6 milhões de seu povo. Eles ficam com esse número restaurado ou retribuído para eles, não apenas para eles como um grupo étnico que sobreviveu ao genocídio, mas como uma nação judaica que está de volta dentro de sua própria terra.

2012, como um marcador de 70 anos, foi também um marcador de início para os próximos três anos. Haveria uma série desses marcadores até janeiro de 2015, data do memorial dos 70 anos da libertação de Auschwitz.

2017

Fonte das lágrimas

Site: http://www.castingseeds.com
E-mail: castingseeds@gmail.com

As visitas à 'Fonte das Lágrimas' DEVEM ser pré-agendadas.

A Escultura está situada em uma propriedade particular e não é um lugar público. Os agendamentos precisam ser feitos com antecedência.

Uma visita à Fonte durará entre 60 e 90 minutos. Geralmente, a apresentação é em inglês, mas vários outros idiomas podem ser atendidos. Não é cobrada taxa de admissão.

Para organizar uma visita, envie-nos um e-mail com detalhes de possíveis datas e horários. Indique o número de pessoas e o idioma preferido.